BEI GRIN MACHT SICH IHR WISSEN BEZAHLT

Tobias Nachtrab

Besonderheiten der Zwillingserziehung

GRIN Verlag

Bibliografische Information der Deutschen Nationalbibliothek:

Die Deutsche Bibliothek verzeichnet diese Publikation in der Deutschen National-
bibliografie; detaillierte bibliografische Daten sind im Internet über http://dnb.d-
nb.de/ abrufbar.

Impressum:

Copyright © 2001 GRIN Verlag, Open Publishing GmbH
Druck und Bindung: Books on Demand GmbH, Norderstedt Germany
ISBN: 978-3-640-11408-5

Dieses Buch bei GRIN:

http://www.grin.com/de/e-book/101264/besonderheiten-der-zwillingserziehung

GRIN - Your knowledge has value

Der GRIN Verlag publiziert seit 1998 wissenschaftliche Arbeiten von Studenten, Hochschullehrern und anderen Akademikern als eBook und gedrucktes Buch. Die Verlagswebsite www.grin.com ist die ideale Plattform zur Veröffentlichung von Hausarbeiten, Abschlussarbeiten, wissenschaftlichen Aufsätzen, Dissertationen und Fachbüchern.

Besuchen Sie uns im Internet:

http://www.grin.com/

http://www.facebook.com/grincom

http://www.twitter.com/grin_com

Hausarbeit

Im Fachbereich Sozialwesen
GB II Erziehungstheorien

Thema: Zwillinge / Zwillingsforschung
Besonderheiten in der Erziehung

Ausgearbeitet von: Tobias Nachtrab
WS 00/01
Matrikel:

1. Vorwort

2. Einleitung

3. Die Entwicklung von Zwillingen im Vergleich zu Einlingen

    3.1 Psycholinguistische Entwicklung
    3.2 Intelligenz

4. Die Entwicklung der Identität

    4.1 Geschwisterliche Beziehungen
    4.2 Das Selbst in der Sprache
    4.3 Das Wiedererkennen als Indiz für ein Selbstbewußtsein

5. Erzieherische Besonderheiten bei Zwillingen

    5.1 Erziehung allgemein
    5.2 Frühes Kindheitsalter
    5.3 Schulalter
    5.4 Jugendalter

6. Erziehungsstile

7. Schlußbetrachtung
    7.1 Bezug auf Erziehung und Entwicklung
    7.2 Gesellschaftliche Problematik

1. Vorwort

Als ich in die Zeit eines heranwachsenden, nun schon fast jungen Mannes kam, stellte sich manchmal bei mir der Gedanke ein, was wohl wäre, wenn es mich zweimal gäbe. Würde ich es ertragen können? Könnte ich ähnliche Verhaltensarten oder auch -unarten die ich in meinem Zwillingsbruder wiedererkenne tolerieren? Aber was für ein Gefühl würde sich einstellen so mit jemanden verbunden zu sein, den selben Lebensraum und Lebensabschnitte zu teilen? Schnell vergißt man diese Fragen, denn man ist ja nicht betroffen und wirklichen Kontakt zu Zwillingen hatte ich keinen.

Erst als ich die Möglichkeit geboten bekam, wieder darüber nachzudenken, fielen mir diese frühen Gedankenspiele ein. Nun stellte sich zu der Frage, wie ich selber mit einem Zwillingsbruder umgehen könnte noch die Frage, wie wohl die Eltern in erzieherischer Weise auf ihre Zwillinge eingehen müssen. Wird von ihnen nicht ein wesentlich größeres Repertoire abverlangt, als von Eltern die sich nur mit einem Kind „beschäftigen" müssen?

Ich werde versuchen, diesen beiden Fragen etwas auf den Grund zu gehen.

2. Einleitung

Zwillinge gehören selbst in unserem modernen und aufgeklärten Gesellschaftsbild zu einer „Spezies", der immer noch eine besondere Beachtung geschenkt wird. Doch die Mythen und Sagen, wie sie früher erzählt wurden, sind in unserer Zeit nicht mehr von Bedeutung, geht man von einer höher zivilisierten Gesellschaft aus. In Völkerstämmen frühgeschichtlichen Entwicklungsniveaus, aber auch in denen die heute noch existent sind, ist einem Zwillingspaar einer andere Bedeutung gerecht zu werden: *"Zwillinge wurden ... als Götter inthronisiert und verehrt"* (vgl. Sternberg 1929).

Zwillinge gelten in der Gesellschaft als biologisches Wunder. Sie werden aufgrund ihrer physischen Ähnlichkeit bestaunt und mit Vorurteilen wie *"Zwillinge sind unzertrennlich"* und *"Zwillinge sehen nicht nur gleich aus, sondern denken auch gleich"* bewertet. Über die psychologische Zwillingsforschung konnten viele Vorurteile widerlegt oder bestätigt werden. Ziel der Forschung ist die Erklärung, inwiefern und warum Zwillinge anders sind als Geschwister- und Einzelkinder.

Aus diesem Grund werde ich die Entwicklung der Sprache, Intelligenz, der Identität und in besonderem auf die Erziehung eingehen.

Aus psychologischer Sicht sind zunächst beobachtbare Abweichungen in der Entwicklung interessant. Verschiedene Tests ermittelten, daß Zwillinge weniger intelligent und sprachlich weniger weit entwickelt sind als vergleichbare Einzel- und Geschwisterkinder. Dieser Behauptung wird ebenso auf den Grund gegangen.

Viele Zwillinge benutzen einen Namen, der sie beide bezeichnet (ein sogenannter Dual). Zusammen mit der Beobachtung, daß Zwillinge oft sogar die gleiche Kleidung tragen, ergibt sich die Frage, ob Zwillinge eine anders-artige Identität entwickeln als dies bei Einlingen der Fall ist. Diese Umstände, die gegenüber Einzelkindern in der Erziehung und Entwicklung der einzelnen Identitäten genauer beachtet werden müssen, ergibt sich der Schwerpunkt dieser Hausarbeit.

3. Die Entwicklung von Zwillingen im Vergleich zu Einlingen

Gegenüber von Einlingen, muß der Entwicklung eine besondere Aufmerksamkeit geschenkt werden, denn die körperliche Entwicklung der Zwillinge in der frühen Kindheit ist in Bezug auf ihre einzelngeborenen Altersgenossen in bezug auf Gewicht, Größe, Wachstum und Zahnwechsel, Muskelkraft, motorische Fähigkeiten (Lipowezkaja und Piwowarowa 1972) bis zu 5 Jahren im Verzug. Zwillinge im Vorschulalter sind nicht selten von einer erhöhten Erregbarkeit und motorischer Unruhe gekennzeichnet. Es zeigt sich weiterhin, das Zwillinge etwas später anfangen zu sprechen. Dies wird auch in der weiteren Entwicklung erkennbar sein, denn ein Rückstand im Wortschatz und in der Aussprache ist weiterhin erkennbar. Die Verzögerung der Sprachentwicklung hängt oftmals mit geringerer Mitteilsamkeit des Kindes, mit übermäßiger Schüchternheit, Verlegenheit und Ängstlichkeit zusammen, welche zu Schwierigkeiten in der sozialen Anpassung führt. Zwillinge gewöhnen sich besonders schwer an Situationsveränderungen und an das Kollektiv. Sie begnügen sich mit dem Umgang mit ihrem Zwillingspartner und bemühen sich wenig um Kontakte zu anderen Kinder, mitunter widersetzen sie sich sogar diesen Kontakten. Ihre negative Einstellung zur Kommunikation schwächt sich aber allmählich ab, allerdings gibt es bei einigen selbst im Schulalter noch kein aktives Bemühen um Kontakt. Dies ist möglicherweise durch die „Zwillingssituation" zu erklären, oder aber die Fähigkeit der Kommunikation ist ein Hindernis um soziale Kontakte zu knüpfen und zu erhalten.

3.1 Psycholinguistische Entwicklung

Day (1932, zitiert nach Wagner) stellte in einer Untersuchung fest, daß Zwillinge im Vergleich zu Einzelkindern weniger sprechen, und daß die Qualität ihrer Sprache einem früheren Entwicklungsniveau entspricht. Nach *Mittler* (1970, zitiert nach Wagner) sind Zwillinge (unabhängig davon ob sie nun eineiige oder zweieiige Zwillinge sind) in ihrer Sprachentwicklung gegenüber Einlingen um etwa sechs Monate verzögert. Von großer Bedeutung für die psycholinguistischen Defizite ist die besondere Sprachlern-Umwelt von Zwillingen. Zwillinge erfahren aus der gemeinsamen Interaktion keine typische Sprachlern-Umwelt, so daß bei jungen Zwillingskindern der Spracherwerb langsamer als bei Einlingen des gleichen Alters abläuft, da beide auf dem selben Entwicklungniveau sind. Jeder der Zwillinge erfährt weniger an ihn direkt gerichtete mütterliche Äußerungen und seine Gesprächsinhalte werden seltener von der Mutter aufgegriffen (Tomasello, Mannle und Krüger, 1986, zitiert nach Wagner). Daraus kann man schließen, daß nur der Bezug zum Zwillingsgeschwister die Interaktionssituation ist, die den Spracherwerb entscheidend in Gang setzt.

3.2 Intelligenz

Anhand zahlreicher Untersuchungen stellte man besonders bei eineiigen Zwillingen einen IQ-Rückstand von 4 bis 7 Punkten (Amelang & Bartussek, 1990, bzw. Zazzo, 1960, zitiert nach Wagner) über verschiedene Altersstufen (bis zu 11 Jahren) und über unterschiedliche sozioökonomische Schichten hinweg fest. Dieses Defizit scheint jedoch nur im verbalen Bereich der Intelligenztests aufzukommen (Koch, 1966, zitiert nach Wagner).

Obwohl Zwillinge einen geringeren IQ haben, sind sie nicht dümmer als andere Kinder. Der IQ drückt lediglich den momentanen Entwicklungsstand aus und macht keine Angaben über die Klugheit von Kindern. Der bei Zwillingen häufige sprachliche Entwicklungsrückstand, hat nur seine Ursache in der ungewöhnlichen, Sprachlern-Umwelt der Zwillinge.

4. Die Entwicklung der Identität

4.1 Geschwisterliche Beziehungen

Piaget (1965, zitiert nach Wagner) beschreibt die Beziehung zwischen Kindern als entscheidend dafür, um ein besseres Verständnis und Empathie für sich selbst und den anderen zu entwickeln. *Dünn* erwähnt in dieser Hinsicht ein beschützendes Verhalten von älteren Kindern für jüngere Geschwister welches in bestimmten Situationen auftritt. Auch Zwillinge zeigen dieses sich gegenseitig unterstützende Verhalten gegenüber einer fremdartigen Situation. Bei Zwillingen wird die besondere Geschwisterbeziehung noch dadurch gekennzeichnet, daß sich zwischen ihnen oft eine Geheimsprache entwickelt. Typisch für Geschwister allgemein ist, daß sich gleichgeschlechtliche Geschwister häufiger imitieren und zwischen ihnen auch mehr freundliche Interaktionen stattfinden.

4.2 Das Selbst in der Sprache

Kinder fangen meist mit der Benutzung von Personennamen im Sprachgebrauch an. Pronomen werden erst später benutzt, da sie in unterschiedlichen Situationen verschieden gebraucht werden (Deixis) und damit schwieriger zu verwenden sind. Geschwisterkinder scheinen in dieser Hinsicht viel von älteren Geschwistern zu lernen, denn sie benutzen Pronomen viel früher als vergleichbare Einzelkinder. Zwillinge liegen im Entwicklungstempo zwischen Einzel- und Geschwisterkindern. *Clara* und *William Stern* (1907, zitiert nach Wagner) vermuten den Grund darin, daß es unter Geschwistern (also auch unter Zwillingen) zu Konkurrenzsituationen kommt, in denen die Geschwisterkinder lernen müssen, sich zu behaupten, während dies bei Einzelkindern selten der Fall ist. Eine Besonderheit bei Zwillingen ist die häufig vorkommende Verwendung eines Duals, d.h. eines Namens, mit dem beide Zwillinge gemeint sind. Dies läßt darauf schließen, daß Zwillinge eine Art von gemeinsamer Identität entwickeln und sich also ihrer besonderen Geschwisterbeziehung bewußt sind.

4.3 Das Wiedererkennen als Indiz für ein Selbstbewußtsein

Kinder müssen eine Vorstellung von sich selbst haben, um sich zu benennen. Das Wiedererkennen und Benennen in einem Spiegel gibt Hinweise darauf, wann ein Kind vermutlich ein Bewußtsein über sich selbst erlangt. Man fand heraus, daß eine graduelle Entwicklung stattfindet, die unabhängig davon ist, ob ein Kind mit oder ohne Geschwister aufwächst. Während sich nach *Lézines* (1951) 68% der Einlinge im Alter von 24 Monaten mit dem eigenen Namen benennen, sind dies bei den Zwillingen nur 40%. Das läßt sich damit erklären, daß Zwillinge in ihrem Spiegelbild ihren Bruder bzw. ihre Schwester sehen und ihnen das Selbsterkennen dadurch schwerer fällt.

Zwillinge sind sich ihrer besonderen Geschwisterschaft bewußt und zeigen dies durch die Verwendung eines Duals. Sie müssen sich gegenüber ihrem Geschwisterzwilling durchsetzen lernen und steigen so früher in den Pronominalerwerb ein als vergleichbar Einlinge ohne Geschwister. Zwillinge benennen sich vor dem Spiegelbild erst spät mit dem eigenen Namen.

5. Erzieherische Besonderheiten bei Zwillingen

5.1. Erziehung allgemein

Kinder lernen die Maßstäbe, Werte und Verhaltenserwartungen der Kultur und Gesellschaft in dem Prozess der Sozialisation.

In der Kleinkindzeit sind die Eltern hauptsächlicher Bezugspartner und wirken auf ihre Kinder, indem sie als Modell für Verhaltensweisen stehen. Eltern vermitteln Akzeptanz, Wärme, setzen Grenzen, gewähren Freiheiten und bestrafen nicht akzeptables Verhalten. Auf diese Weise haben Eltern eine große Macht über den Entwicklungsverlauf ihrer Sprösslinge (J.R. Harris, 1998). Ein Ausspruch des Erziehers *Richard Mulcaster* verdeutlicht dies: *„Die Natur gibt dem Jungen die Anlagen, die Erziehung bringt ihn voran".*

5.2. Frühes Kindheitsalter

Das erste Lebensjahr ist für die Eltern als auch für die Zwillinge das schwerste. Haben die Eltern noch keine anderen Kinder, muß die Unerfahrenheit in der Säuglingspflege recht schnell ausgeglichen werden. Oft wird auf die Mithilfe von Eltern, Nachbarn oder Bekannten zurückgegriffen um das Duo in den Griff zu bekommen *„Am Anfang war es sehr schwer und ich schaffte meine Arbeiten kaum.(…) Aber schon nach 6 bis 8 Wochen lief es wie am Schnürchen. Alles verlief nach einem Programm."* (vgl. Sternberg, S.73)

Zwillinge teilen sich ab ihrer Geburt den selben Lebensraum und durchlaufen gleichzeitig alle Entwicklungsstadien. Sie machen die selben Erfahrungen und der andere ist mit Abstand der häufigste Kontaktpartner, auf den Rücksicht zu nehmen ist, der weder überlegen, der gleich stark, gleich lieb ist – mit dem man Freud und Leid der ersten Jahre teilen kann. Aber dies bedeutet eine besondere Anpassungs- und auch Abgrenzungstaktik gegenüber seinem Zwillings- gefährten, doch diese variieren von Zwillingspaar zu Zwillingspaar. Aber eigentlich ist ihre Beziehung zueinander von tiefer Sympathie und Zusammengehörigkeit geprägt, doch der Ausprägungsgrad ist im wesentlichen von der elterlichen Erziehung abhängig. Die Eltern geraten in einen Wechselwirkungsmechanismus, denn gute Harmonie der Zwillinge weckt den Wunsch nach gleichem Aussehen und gleicher Behandlung (vgl. Sternberg). Gleiche Behandlung und Kleidung fördern jedoch die Stabilität der harmonischen Beziehung. Es wird so eine Art Gleichmacherei betrieben. Doch dies ist kein Automatismus, denn neben den Eltern sind noch viele andere Einflußfaktoren wirksam. Vor allem sind die Kleinkinder nie auch nur eine einzige Minute allein. Sie haben weniger die Möglichkeit Zeit zu finden um über sich nachzudenken (E. Bryan, 1994). Sie sind ständig damit beschäftigt, zusammen aufzuwachsen. Somit nehmen sie sich die Möglichkeit eine eigene Individualität aufzubauen, jedenfalls ist diese in der Öffentlichkeit nicht so erkennbar. Damit dies nicht zum Nachteil in unserer individualisierten Gesellschaft wird, müssen Eltern recht bald darauf achten, daß Wesenszüge und Selbständigkeit stärker gefördert werden. Denn jedes der Kinder muß nicht nur seine eigene Identität, sondern auch seine eigene Individualität entdecken. Es muß lernen, was es mag und was es nicht mag, damit eine Befriedigung der

Bedürfnisse und des Verlangens gestillt werden können. Es muß seine eigenen Stärken und Schwächen erkennen, und es muß lernen , daß jeder Mensch ein eigenständiges, wertvolles Geschöpf ist. Denn einem Kind, das keine Chance hat, ein Gespür für die eigen Individualität zu entwickeln, wird es später an Selbstwertgefühl mangeln (Elizabeth Bryan,1994)

In besonderem Maße tritt diese „Abhängigkeit" vom Zwillingspartner bei ein-eiigen Zwillingen auf. Ihnen sollte in ihrer Entwicklung besondere Beachtung geschenkt werden und ein fürsorgliches aber überlegtes Eingreifen der Eltern ist notwendig.

5.3. Schulalter

Wachsen nun beide Zwillinge in einem Elternhaus auf, dann ist, besonders in der Schulzeit die Beziehung zwischen ihnen sowohl als Peer als auch als Geschwister. Dies erfordert, daß sie genau wissen, besonders in Konflikt-situationen, in welcher Beziehung sie zueinander stehen. Waren sie in der Grundschulzeit noch als Stütze füreinander da, so wird aber auch bald deutlich, daß sie auch ohne ihr Geschwister im Klassenverband angenommen werden.(vgl. E. Bryan ,1994)

Auch kommt dem Lehrer eine wichtige Rolle zu, denn er kann die Entwicklung der Persönlichkeiten der Zwillinge mit beeinflussen: Manche Lehrer betrachten sie wie eine Einheit und teilen ihnen z.b. gemeinsame Aufgaben zu, oder aber er nimmt Einfluß darauf, das recht bald eigene Fähigkeiten entdeckt werden.

Nicht zu vernachlässigen ist das Problem, besonders wenn beide Kinder in einer Klasse sind, daß ein ständiger Konkurrenzkampf durchaus Ansporn aber auch Behinderung für einen oder beide sein kann. Zu Beachten ist in dieser Zeit, das nicht mögliche Probleme eines Zwillings verdeckt werden. So kann z.b. sein, daß durch gemeinsames lösen der Hausaufgaben Lerndefizite eines Zwillings viel zu spät auffallen (Bsp. S.66 E.Bryan, 1994).

Besonders sollte man den schulischen Erfolg der einzelnen Kinder hervorheben und niemals den Vergleich mit dem Zwillingspartner üben.

Die Entwicklung in der Schulzeit hat meist seinen Ursprung im Elternhaus. Dort herrschen meist eine Art der Rollenzuteilung die durchaus den Eltern einige Erleichterung bringt. Diese Zuteilung erfolgt innerhalb der Familie und dient der Rollenverteilung. Sie entsteht bewußt oder unbewußt z.B. durch das

Verhalten der Eltern gegenüber dem Erstgeborenen oder andere bevorzugenden Einflüssen. Diese Etikettierung stellt aber ein Problem dar, denn sie kann nicht einfach so abgestreift werden, wie Einzelkinder dies können wenn sie das Elternhaus verlassen. Zwillinge bilden so füreinander ein soziales Umfeld, wenn sie gemeinsam das Haus verlassen und entwickelte Asymmetrien werden sie ständig begleiten. Sie werden sich diesen entsprechend verhalten und ihr Freundeskreis wird sie als verschiedene Individuen sehen und ihnen ebenso verschiedene Rollen zuweisen, z.B. wird einem ein höherer Status eingeräumt und sie richten ihre Fragen an diesen.

Folgen wird auch diese Entwicklung haben, indem sich die Persönlichkeitsunterschiede vertiefen oder sogar ausprägen. Da nun die Unterschiede in der Gleichaltrigengruppe genauso wie zu Hause zum Ausdruck kommen, werden diese immer stärker das Persönlichkeitsbild prägen.

5.3. Jugendalter – Problem der Ablösung

In der Pubertät ist die Entwicklung der Eigenständigkeit in ihrer ausgeprägtesten und auch schwierigsten Phase, denn gerade bei Zwillingen ist sie problematischer als bei Einlingen. Sie müssen von ihren Eltern und ihrem Zwillingsgeschwister unabhängig werden. Aber auch die Eltern müssen von beiden Zwillingen loslassen und verstehen das ihr besonderes Prestige als Eltern von Zwillingen nun nicht mehr die Bedeutung hat.

Besonders eineiige Zwillinge wollen sich nun mit aller Macht voneinander unterscheiden, so werden die gegensätzlichsten Variationen in Kleidung oder Haartyp ausprobiert. Sie übertrumpfen sich gegenseitig und besonders große Gegensätze entstehen, wenn der eine für das andere Geschlecht attraktiver ist.

Die Eltern haben kaum noch Einfluß auf die Entwicklung ihrer Kinder, denn sie wollen sich von der Erwachsenenwelt abheben: *"Erwachsene haben nur begrenzte Macht über Heranwachsende. Teenager erschaffen sich ihre eigene, je nach Peer-group variierende Kultur, und Eltern können weder erraten noch darüber bestimmen, welche Aspekte der Erwachsenenkultur sie beibehalten und welche sie über Bord werfen werden oder was sie sich Neues ausdenken werden"*. (Vgl. J.R. Harris 2000, S.420)

Die Zwillinge müssen erkennen, daß eine Trennung für ihre Entwicklung vorteilhafter ist. Nimmt man das Beispiel, daß eine sehr erfolgreiche Frau, wenn sie mit ihrer Zwillingsschwester zusammen war, schon nach wenigen Tagen ihre Fähigkeiten eigenständig Entscheidungen zu treffen, verlor, dann wird deutlich, daß eine frühe Förderung der Selbständigkeit in dieser Zeit von großem Nutzen ist. Die Trennung wird dadurch eher vollzogen und fällt nicht so schwer. (vgl. Bsp. Elizabeth Bryan (1994) *Zwillinge, Drillinge und noch mehr...* , S.75ff.)

6. Erziehungsstile

Die Entwicklungsforscherin Diana Baumind definierte 1967 drei Erziehungsstile. Sie prägte die Begriffe autoritär, permissiv und autoritativ. Diese Stile gelten für Zwillinge wie auch für Einzelkinder, denn die Eltern müssen ihre Zwillinge nach einem von ihnen vertretenen Stil erziehen, der besondere Umstand der Zwillingsschaft kann nicht dazu führen, das andere Erziehungsstile auftreten.

Die autoritären Eltern sind herrisch und unflexibel. Sie stellen Regeln auf und diese müssen eingehalten werden, eine Abweichung wird notfalls mit körperlicher Züchtigung bestraft.

Die permissiven Eltern sind genau das Gegenteil. Sie sagen nicht was ihre Kinder tun sollen. Sie bitten darum. Sie wollen keine Regeln, sie wollen jede Menge Liebe schenken.

Die autoritativen Eltern schenken Liebe und Anerkennung, setzen Grenzen und bestehen auf deren Einhaltung. Sie reden mit ihren Kindern und überzeugen so zum richtigen Verhalten. Regeln sind nicht starr, sie werden an die Vorstellungen und Wünsche der Kinder angepasst.

Diese Erziehungsstile fördern oder hemmen die Entwicklung der Kinder, jedoch ist zu beachten, daß auch noch viele andere Einflüsse dies tun: das Wohnumfeld, der Freundeskreis, Familienschicksale und unendlich viele mehr.

7. Schlußbetrachtung

7.1 Bezug auf Erziehung und Entwicklung
und gesellschaftlichen Einflüssen

Anhand der aufgezeigten besonderen Entwicklung von Zwillingen gegenüber Einlingen, ist nun auch deutlich geworden, daß die Eltern vor einer besonderen Aufgabe der Erziehung von Zwillingen stehen. Aber es wird nichts unmögliches von ihnen erwartet.

Mir wurde von einer Psychologin, die selber Zwillinge auf die Welt gebracht hat, bestätigt, daß die Individualität der Zwillinge besonders zu betonen ist, aber man sollte keinesfalls nun übertrieben auf alle möglichen Unterschiede achten, es gilt, daß Mittelmaß zu finden.

Mich hat bei der Recherche der Fachliteratur stutzig gemacht, daß nur sehr unterschwellig der durchaus positive Umstand einer Zwillingsschaft vorgetragen wird. Ist aber nicht die Tatsache wichtig, daß sie als Zwillinge auf die Welt gekommen sind, als Bereicherung ihrer Leben begreiflich zu machen und nicht als Art Status, der erst dem Leben Wert oder Sinn verleiht? Kann man nicht sogar soweit gehen, daß im Vergleich zu Einzelkindern, ein Zwillingspaar ein Geschenk ist, denn sie sind so eng miteinander verbunden, wie es niemals jemand in ihrem Leben sein wird.

Eltern von Zwillingen sollten von der Problembeladenheit dieser Situation, wie sie in der Literatur vermittelt wird, weggeführt werden und die positive Besonderheit vor Augen geführt bekommen. Zwillinge können sich gegenseitig fordern, regen sich an und freuen sich aneinander und dies schon ab dem 4/5. Monat. (zitiert nach P.L. – Psychologin)

In meiner Hausarbeit habe ich die Entwicklung hauptsächlich auf die Eltern und den engen Freundeskreis begrenzt, aber gerade in unserer Gesellschaft wird der Einfluß von Umwelt immer größer. So nehmen z.B. die Medien eine zentrale Rolle in der „Beeinflussung" der Kinder und Jugendlichen ein.

Ich tendiere zu der Annahme, wie sie auch J.R. Harris in ihrem Buch „Ist Erziehung sinnlos" darstellt, das Eltern immer weniger Einfluß auf die Entwicklung ihrer Kinder haben. Viel mehr zählt die Erfahrungswelt der Kinder außerhalb ihres Elternhauses, das Leben in ihrer eigenen Altersgruppe. *„Nicht mehr die Eltern sozialisieren Kinder, nein: Kinder sozialisieren Kinder!"*. (J.R. Harris, 2000) Die Peer-groups haben eine enorm prägende Kraft auf das Leben von Kinder und so manche Verhaltensmuster werden erklärbar, wenn trotz bester Absichten nicht gelungen ist, was doch die Eltern mit aller Mühe versuchen ihren Kinder zu vermitteln.

Zwillinge bilden eine Gemeinschaft in dem Umfeld der Familie und ihren Gleichaltrigen. Ihr eng verknüpfter Lebensraum hat positive als auch negative Auswirkungen. Individuelle Varianz und Lebensumstände verstärken oder hemmen Entwicklungen. Dies gibt Anlaß auf die Eigenheiten jeder einzelnen Familie mit Zwillingen einzugehen.

Literaturverzeichnis:

Bryan E.: *Zwillinge, Drillinge und noch mehr...*
Programm Huber: Psychologie Sachbuch, 1994

Deutsch, W., Burchardt, R. und Wagner A.: *Zwillingsforschung einmal anders.*
Unveröffentlichtes Manuskript, 1997

Harris J.R.: *Ist Erziehung sinnlos?* Rowohlt, 2000

Lipowezkaja und Piwowarowa: *Besonderheiten der somatopsychischen Entwicklung am Zwillingsmodell,* 1972

L. P. Psychologin
mit der ich Kontakt per E-Mail habe, denn sie erzieht selber Zwillinge
(3,5 Jahre)

Sternberg, L.: *Der antike Zwillingskult im Lichte der Ethnologie.*
Zeitschrift für Ethnologie S.61, 1929

Wagner, Angel: *Die Entwicklung der Personenreferenz*
Unveröffentlichte Dissertation, Technische Universität Braunschweig, 1996